書名：欽天監地理醒世切要辨論
系列：心一堂術數古籍珍本叢刊　堪輿類
作者：【清】欽天監漏刻科
主編、責任編輯：陳劍聰
心一堂術數古籍珍本叢刊編校小組：陳劍聰　素聞　梁松盛　鄒偉才　虛白盧主

出版：心一堂有限公司
通訊地址：香港九龍旺角彌敦道六一〇號荷李活商業中心十八樓〇五—〇六室
深港讀者服務中心・中國深圳市羅湖區立新路六號羅湖商業大廈負一層〇〇八室
電話號碼：(852)67150840
網址：publish.sunyata.cc
電郵：sunyatabook@gmail.com
網店：http://book.sunyata.cc
淘寶店地址：https://shop210782774.taobao.com
微店地址：https://weidian.com/s/1212826297
臉書：https://www.facebook.com/sunyatabook
讀者論壇：http://bbs.sunyata.cc/

版次：二零二三年一月初版
平裝

港幣　二百三十八元正
定價：人民幣　二百三十八元正
新台幣　八百五十元正

國際書號：ISBN 978-988-8058-10-5



香港發行：香港聯合書刊物流有限公司
地址：香港新界大埔汀麗路36號中華商務印刷大廈3樓
電話號碼：(852)2150-2100
傳真號碼：(852)2407-3062
電郵：info@suplogistics.com.hk

台灣發行：秀威資訊科技股份有限公司
地址：台灣台北市內湖區瑞光路七十六巷六十五號一樓
電話號碼：+886-2-2796-3638
傳真號碼：+886-2-2796-1377
網絡書店：www.bodbooks.com.tw
台灣國家書店讀者服務中心：
地址：台灣台北市中山區松江路二〇九號一樓
電話號碼：+886-2-2518-0207
傳真號碼：+886-2-2518-0778
網絡書店：http://www.govbooks.com.tw

中國大陸發行　零售：深圳心一堂文化傳播有限公司
深圳地址：深圳市羅湖區立新路六號羅湖商業大廈負一層〇〇八室
電話號碼：(86)0755-82224934

心一堂微店二維碼

心一堂淘寶店二維碼

# 心一堂術數古籍珍本叢刊 總序

## 術數定義

術數，大概可謂以「推算、推演人（個人、群體、國家等）、事、物、自然現象、時間、空間方位等規律及氣數，並或通過種種『方術』，從而達致趨吉避凶或某種特定目的」之知識體系和方法。

## 術數類別

我國術數的內容類別，歷代不盡相同，例如《漢書・藝文志》中載，漢代術數有六類：天文、曆譜、無行、蓍龜、雜占、形法。至清代《四庫全書》，術數類則有：數學、占候、相宅相墓、占卜、命書、相書、陰陽五行、雜技術等，其他如《後漢書・方術部》、《藝文類聚・方術部》、《太平御覽・方術部》等，對於術數的分類，皆有差異。古代多把天文、曆譜、及部份數學均歸入術數類，而民間流行亦視傳統醫學作為術數的一環；此外，有些術數與宗教中的方術亦往往難以分開。現代學界則常將各種術數歸納為五大類別：命、卜、相、醫、山，通稱「五術」。

本叢刊在《四庫全書》的分類基礎上，將術數分為九大類別：占筮、星命、相術、堪輿、選擇、三式、讖緯、理數（陰陽五行）、雜術。而未收天文、曆譜、算術、宗教方術、醫學。

## 術數思想與發展——從術到學，乃至合道

我國術數是由上古的占星、卜蓍、形法等術發展下來的。其中卜蓍之術，是歷經夏商周三代而通過「龜卜、蓍筮」得出卜（卦）辭的一種預測（吉凶成敗）術，之後歸納並結集成書，此即現傳之《易經》。經過春秋戰國至秦漢之際，受到當時諸子百家的影響、儒家的推崇，遂有《易傳》等的出現，原本是卜蓍術書的《易經》，被提升及解讀成有包涵「天地之道（理）」之學。因此，《易・繫辭傳》曰：「易與天地準，故能彌綸天地之道。」

漢代以後，易學中的陰陽學說，與五行、九宮、干支、氣運、災變、律曆、卦氣、讖緯、天人感應說等相結

合，形成易學中象數系統。而其他原與《易經》本來沒有關係的術數，如占星、形法、選擇，亦漸漸以易理（象數學說）為依歸。《四庫全書・易類小序》云：「術數之興，多在秦漢以後。要其旨，不出乎陰陽五行，生尅制化。實皆《易》之支派，傅以雜說耳。」至此，術數可謂已由「術」發展成「學」。

及至宋代，術數理論與理學中的河圖洛書、太極圖、邵雍先天之學及皇極經世等學說給合，通過術數以演繹理學中「天地中有一太極，萬物中各有一太極」（《朱子語類》）的思想。術數理論不單已發展至十分成熟，而且也從其學理中衍生一些新的方法或理論，如《梅花易數》、《河洛理數》等。

在傳統上，術數功能往往不止於僅僅作為趨吉避凶的方術，及「能彌綸天地之道」的學問，亦有其「修心養性」的功能，「與道合一」（修道）的內涵。《素問・上古天真論》：「上古之人，其知道者，法於陰陽，和於術數。」數之意義，不單是外在的算數、歷數、氣數，而是與理學中同等的「道」、「理」—心性的功能，北宋理氣家邵雍對此多有發揮：「聖人之心，是亦數也」、「萬化萬事生乎心」、「心為太極」。《觀物外篇》：「先天之學，心法也。⋯蓋天地萬物之理，盡在其中矣，心一而不分，則能應萬物。」反過來說，宋代的術數理論，受到當時理學、佛道及宋易影響，認為心性本質上是等同天地之太極。天地萬物氣數規律，能通過內觀自心而有所感知，即是內心也已具備有術數的推演及預測、感知能力；相傳是邵雍所創之《梅花易數》，便是在這樣的背景下誕生。

《易・文言傳》已有「積善之家，必有餘慶；積不善之家，必有餘殃」之說，至漢代流行的災變說及讖緯說，我國數千年來都認為天災，異常天象（自然現象），皆與一國或一地的施政者失德有關；下至家族、個人之盛衰，也都與一族一人之德行修養有關。因此，我國術數中除了吉凶盛衰理數之外，人心的德行修養，也是趨吉避凶的一個關鍵因素。

## 術數與宗教、修道

在這種思想之下，我國術數不單只是附屬於巫術或宗教行為的方術，又往往已是一種宗教的修煉手段—通過術數，以知陰陽，乃至合陰陽（道）。「其知道者，法於陰陽，和於術數。」例如，「奇門遁甲」術中，即分為「術奇門」與「法奇門」兩大類。「法奇門」中有大量道教中符籙、手印、存想、內煉的內容，是道教內丹外法的一種重要外法修煉體系。甚至在雷法一系的修煉上，亦大量應用了術數內容。此外，相術、堪輿術中也有修煉望氣色的方法；堪輿家除了選擇陰陽宅之吉凶外，也有道教中選擇適合修道環境（法、財、侶、地中的地）的方法，以至通過堪輿術觀察天地山川陰陽之氣，亦成為領悟陰陽金丹大道的一途。

## 易學體系以外的術數與的少數民族的術數

我國術數中，也有不用或不全用易理作為其理論依據的，如楊雄的《太玄》、司馬光的《潛虛》。也有一些占卜法、雜術不屬於《易經》系統，不過對後世影響較少而已。

外來宗教及少數民族中也有不少雖受漢文化影響（如陰陽、五行、二十八宿等學說）但仍自成系統的術數，如古代的西夏、突厥、吐魯番等占卜及星占術，藏族中有多種藏傳佛教占卜術、苯教占卜術、擇吉術、推命術、相術等；北方少數民族有薩滿教占卜術；不少少數民族如水族、白族、布朗族、佤族、彝族、苗族等，皆有占雞（卦）草卜、雞蛋卜等術，納西族的占星術、占卜術，彝族畢摩的推命術、占卜術…等等，都是屬於《易經》體系以外的術數。相對上，外國傳入的術數以及其理論，對我國術數影響更大。

## 曆法、推步術與外來術數的影響

我國的術數與曆法的關係非常緊密。早期的術數中，很多是利用星宿或星宿組合的位置（如某星在某州或某宮某度）付予某種吉凶意義，并據之以推演，例如歲星（木星）、月將（某月太陽所躔之宮次）等。不過，由於不同的古代曆法推步的誤差及歲差的問題，若干年後，其術數所用之星辰的位置，已與真實星辰的位置不一樣了；此如歲星（木星），早期的曆法及術數以十二年為一周期（以應地支），與木星真實周期十一點八六年，每幾十年便錯一宮。後來術家又設一「太歲」的假想星體來解決，是歲星運行的相反，週期亦剛好是十二年。而術數中的神煞，很多即是根據太歲的位置而定。又如六壬術中的「月將」，原是立春節氣後太陽躔娵訾之次而稱作「登明亥將」，至宋代，因歲差的關係，要到雨水節氣後太陽才躔娵訾之次，當時沈括提出了修正，但明清時六壬術中「月將」仍然沿用宋代沈括修正的起法沒有再修正。

由於以真實星象周期的推步術是非常繁複，而且古代星象推步術本身亦有不少誤差，大多數術數除依曆書保留了太陽（節氣）、太陰（月相）的簡單宮次計算外，漸漸形成根據干支、日月等的各自起例，以起出其他具有不同含義的眾多假想星象及神煞系統。唐宋以後，我國絕大部份術數都主要沿用這一系統，也出現了不少完全脫離真實星象的術數，如《子平術》、《紫微斗數》、《鐵版神數》等。後來就連一些利用真實星辰位置的術數，如《七政四餘術》及選擇法中的《天星選擇》，也已與假想星象及神煞混合而使用了。

隨着古代外國曆（推步）、術數的傳入，如唐代傳入的印度曆法及術數，元代傳入的回回曆等，其中我國占星術便吸收了印度占星術中羅睺星、計都星等而形成四餘星，又通過阿拉伯占星術而吸收了其中來自希臘、巴比倫占星術的黃道十二宮、四元素學說（地、水、火、風），並與我國傳統的二十八宿、五行說、神煞系統並存而形成《七政四餘術》。此外，一些術數中的北斗星名，不用我國傳統的星名：天樞、天璿、天璣、天權、玉衡、開陽、搖光，而是使用來自印度梵文所譯的：貪狼、巨門、祿存、文曲，廉貞、武曲、破軍等，此明顯是受到唐代從印度傳入的曆法及占星術所影響。如星命術的《紫微斗數》及堪輿術的《撼龍經》等文獻中，其星皆用印度譯名。及至清初《時憲曆》，置潤之法則改用西法「定氣」。清代以後的術數，又作過不少的調整。

## 術數在古代社會及外國的影響

術數在古代社會中一直扮演着一個非常重要的角色，影響層面不單只是某一階層、某一職業、某一年齡的人，而是上自帝王，下至普通百姓，從出生到死亡，不論是生活上的小事如洗髮、出行等，大事如建房、入伙、出兵等，從個人、家族以至國家，從天文、氣象、地理到人事、軍事，從民俗、學術到宗教，都離不開術數的應用。如古代政府的中欽天監（司天監），除了負責天文、曆法、輿地之外，亦精通其他如星占、選擇、堪輿等術數，除在皇室人員及朝庭中應用外，也定期頒行日書、修定術數，使民間對於天文、日曆用事吉凶及使用其他術數時，有所依從。

在古代，我國的漢族術數，甚至影響遍及西夏、突厥、吐蕃、阿拉伯、印度、東南亞諸國、朝鮮、日本、越南等地，其中朝鮮、日本、越南等國，一至到了民國時期，仍然沿用着我國的多種術數。

## 術數研究

術數在我國古代社會雖然影響深遠，「是傳統中國理念中的一門科學，從傳統的陰陽、五行、九宮、八卦、河圖、洛書等觀念作大自然的研究。……傳統中國的天文學、數學、煉丹術等，要到上世紀中葉始受世界學者肯定。可是，術數還未受到應得的注意。術數在傳統中國科技史、思想史，文化史、社會史，甚至軍事史都有一定的影響。……更進一步了解術數，我們將更能了解中國歷史的全貌。」（何丙郁《術數、天文與醫學 中國科技史的新視野》，香港城市大學中國文化中心。）

可是術數至今一直不受正統學界所重視，加上術家藏秘自珍，又揚言天機不可洩漏，「（術數）乃吾國科學與哲學融貫而成一種學說，數千年來傳衍嬗變，或隱或現，全賴一二有心人為之繼續維繫，賴以不絕，其中確有學術上研究之價值，非徒癡人說夢，荒誕不經之謂也。其所以至今不能在科學中成立一種地位者，實有數困。蓋古代士大夫階級目醫卜星相為九流之學，多恥道之；而發明諸大師又故為惝恍迷離之辭，以待後人探索；間有一二賢者有所發明，亦秘莫如深，既恐洩天地之秘，複恐譏為旁門左道，始終不肯公開研究，成立一有系統說明之書籍，貽之後世。故居今日而欲研究此種學術，實一極困難之事。」（民國徐樂吾《子平真詮評註》，方重審序）

現存的術數古籍，除極少數是唐、宋、元的版本外，絕大多數是明、清兩代的版本。其內容也主要是明、清兩代流行的術數，唐宋以前的術數及其書籍，大部份均已失傳，只能從史料記載、出土文獻、敦煌遺書中稍窺一鱗半爪。

## 術數版本

坊間術數古籍版本，大多是晚清書坊之翻刻本及民國書賈之重排本，其中豕亥魚魯，或而任意增刪，往往文意全非，以至不能卒讀。現今不論是術數愛好者，還是民俗、史學、社會、文化、版本等學術研究者，要想得一常見術數書籍的善本、原版，已經非常困難，更遑論稿本、鈔本、孤本。在文獻不足及缺乏善本的情況下，要想對術數的源流、理法、及其影響，作全面深入的研究，幾不可能。

有見及此，本叢刊編校小組經多年努力及多方協助，在中國、韓國、日本等地區搜羅了一九四九年以前漢文為主的術數類善本、珍本、鈔本、孤本、稿本、批校本等千餘種，精選出其中最佳版本，以最新數碼技術清理、修復版面，更正明顯的錯訛，部份善本更以原色精印，務求更勝原本，以饗讀者。不過，限於編校小組的水平，版本選擇及考證、文字修正、提要內容等方面，恐有疏漏及舛誤之處，懇請方家不吝指正。

心一堂術數古籍珍本叢刊編校小組

二零零九年七月

# 《欽天監地理醒世切要辨論》提要

## 暨　清代欽天監風水沿革小考

《欽天監地理醒世切要辨論》，不分卷。清欽天監刻漏科：博士金谿高大賓、博士東魯齊克昌（考其後歷任主簿、左監副、副監）、大興李廷耀（考其為欽天監右監副）、博士山陰鍾之模、五官挈壺正南昌劉毓、劉毓圻（考其為欽天監右監副）、洪文潤、南昌熊佑，禮部主客司員外郎石城管志寧等撰。書初成於乾隆五年庚申（一七四零）。後於乾隆十一年（一七四六）再作增刪，改名《欽天監風水正論》，又名《欽天監新選地理辨論》。意即是欽天監對原《欽天監地理辨論》的新選內容版本。（《欽天監風水正論》已輯入心一堂術數珍本叢刊‧堪輿類，已於二零一一年線裝出版。）虛白廬藏本。線裝。未刊稿。本書即據虛白廬藏乾隆五年稿本用最新數碼技術修復出版。

欽天監是我國明、清兩代掌察天文、曆法推算，及頒佈、漏刻授時、陰陽術數等的官方機構。「掌測候推步之政令，以協天紀，以授人時。凡觀象占驗，選擇時候之事，皆掌之。」舉凡察天文、定曆數、占候、推步、測量之事，或有變異，密疏以聞，以及營建、征討等等……皆是其所掌管範圍。

清初欽天監沿用明代欽天監制度，分天文科、漏刻科、回回科、時憲科四科。自順治帝任命耶穌會傳教士德國人湯若望（一五九二——一六六六）為欽天監監正，之後清廷又改用新法（西法）修曆，並罷回回科不置，回回科遂於順治十四年（一六五七）被撤銷。故清代欽天監自其順治十四年（一六五七）以後，實只有天文、漏刻、時憲三科而已。另設主簿廳、助教廳。

天文科負責觀測及記錄天象、氣候、地震，也負責占星、占候。

時憲科則主要從事修曆、編曆、頒曆、推算星象行度、推算日月蝕、分送春牛圖等工作，包括滿文曆書及蒙文曆書。

漏刻科是掌管值更候時及陰陽術數（主要是風水、選擇方面）。宋、元兩代的司天監原本尚有三式科（六壬、奇門、太乙），至明、清兩代時，凡天文以外的術數，悉歸漏刻科，掌「相看營建內外宮室、山陵風水、推合大婚、選擇吉期（卿殿、巡幸、臨雍、進書、封印、開印、工程等）、調品壺漏、管理譙樓（換時牌、報更鼓）、郊祀候時，兼鋪註奇門出師方向」等。

漏刻科設五官挈壺正：滿、蒙各一人、漢二人（從八品），五官司晨：漢軍一人（從九品）、漢七人（從九品），天文生：滿三人、漢六人，陰陽生：漢十八人等的官員。

清代欽天監漏刻科除在北京天安門前東側有衙署，以掌署京城的值更候時、朝庭及皇家的風水、選擇等術數工作之外，也掌管天下各州、府、縣等衙署中陰陽生的值更候時（地方各府、州、縣一般都建有譙樓、鐘鼓樓等報時樓，上設刻漏、日晷、香篆等計時工具與鐘鼓等報時工具，地方陰陽生負責譙樓的管理與報時工作。設立更夫，夜晚根據譙樓更點打更報時。），也負責地方的擇吉、風水、星命占卜、進行祈雨、「救護」（在日月交蝕發生時所進行的禳祈活動）之類的儀式。而不論是在京師的欽天監漏刻科官員、還是地方官府的陰陽生，除了為皇室、朝廷、地方官府從事術數等工作外，也有應官員、乃至民間之請而行術數之事。如本書增刪本《欽天監風水正論》乾隆十一年工部右侍郎徐逢震序中，即提及都察院左副都御史管欽天監監正事何國宗等官員，都曾請本書作者為其相墓、擇日。此況亦在清代的小說及筆記中有所反影，如《紅樓夢》（十三回，賈府治喪，「請欽天監陰陽司（生）來擇日，第六三回：「今天氣炎熱，實不能相待，遂自行主持，命天文生擇了日期入殮。」）、《儒林外史》（第二回：「卜老又還替他請了陰陽徐先生，自己騎驢子同陰陽生下去點了穴，看著親家入土，又哭一場，同陰陽生回來。」）、清張燾《津門雜記》（卷上：「喪禮：民間親將沒，擇吉，方停逍遙床，置親於上，沒後，請陰陽生擇日成效。」）、《金瓶梅》（第一回：「一個叫做吳典恩，乃是本縣陰陽生，因事革退，專一在縣前與官吏保債，以此與西門慶往來。」）、徐珂《清稗類鈔》（書中載：「京師人家有喪，無論男女，必請陰陽生至，令書榜書，蓋為將來屍柩出城時之證也。陰陽生並將死者數目呈報警廳。」）等書的描述，可見一斑。

我國最晚在唐代開始，已把術數之學（尤其是堪輿學等內容）稱作陰陽（學），行術數（尤指堪輿）者稱陰陽人。（敦煌文書、斯四三二七唐《師師漫語話》：「以下說陰陽人謾語話」，此說法後來傳入日本，今日本人稱行術數者為「陰陽師」）。一直到了清末，欽天監中負責陰陽術數的官員中，以及民間術數之士，仍名陰陽生。

清代欽天監陰陽（術數）學內容，乃沿明代欽天監，上承宋代司天監、金代司天臺、元代司天監而來。其中術數類堪輿學之具體內容，大概可從其官修刊行之堪輿書籍、官學的課程內容，及考試選拔內容而得知。

宋代官學之中，課程中已有陰陽學及其考試的內容。（宋徽宗崇寧三年〔一一零四年〕崇寧算學令：「諸學生習……並曆算、三式、天文書。」，「諸試……三式即射覆及預占三日陰陽風雨。天文即預定一月或一季分野災祥，並以依經備草合問為通。」而宋初除司天監楊惟德曾撰《塋原總錄》外，宋仁宗時王洙等奉敕撰《地理新書》三十卷，便是宋初官方地理堪輿之學。所以，堪輿學在宋代當已納入官學之中，而官修《地理新書》的內容，亦成了宋、金、元時期的堪輿學圭臬。

金代司天臺，從民間「草澤人」（即民間習術數之士）考試選拔：「其試之制，以《宣明曆》試推步，及《婚書》、《地理新書》試合婚、安葬，並《易》筮法，六壬課、三命、五星之術。」（《金史》卷五十一・志第三十二・選舉一）

元代為進一步加強官方陰陽學對民間的影響、管理、控制及培育，除沿襲宋代、金代在司天監掌管陰陽學及中央的官學陰陽學課程之外，更在地方上增設陰陽學之課程（《元史・選舉志一》：「世祖至元二十八年夏六月始置諸路陰陽學。」）地方上也設陰陽學教授員，培育及管轄地方陰陽人。（《元史・選舉志一》：「（元仁宗）延祐初，令陰陽人依儒醫例，於路、府、州設教授員，凡陰陽人皆管轄之，而上屬於太史焉。」）自此，民間的陰陽術士（陰陽人），被納入官方的管轄之下。

元代陰陽學書目有《（婚元）呂才大義書》（《婚書》）、《（宅元）周書秘奧》、《八宅通真論》、《（塋元）地理新書》、《塋元總論》、《地理明真論》等（《元典章》卷九《吏部三・陰陽官》）。其中陰陽學中有關堪輿部份的考試中，試題有：「《地理新書》題三道：

假令問丘延翰以八卦之位通九星之氣，可以知都邑之利害者何如？

假令問五姓禽交名得是何穴位？

假令問商姓祭主丁卯九月生，宜用何年月日晨安葬？」（《秘書監志》）

據此，我們可知道宋、金、元時期的官方堪輿學，皆宗《地理新書》，其書又以五音姓利之法因為主。此法乃源於漢時已流行之「宅圖術」。

至明清兩代，陰陽學制度更為完善。中央欽天監掌管陰陽學，明代地方縣設陰陽學正術，各州設陰陽學典術，各縣設陰陽學訓術。陰陽人從地方陰陽學肆業或被選拔出來後，再送到欽天監考試。（《大明會典》卷二二三：「凡天下府州縣舉到陰陽人堪任正術等官者，俱從吏部送（欽天監），考中，送回選用；不中者發回原籍為民，原保官吏治罪。」）清代大致沿用明制，凡陰陽術數之流，悉歸中央欽天監及地方陰陽官員管理、培訓、認證。至今尚有「紹興府陰陽印」、「東光縣陰陽學記」等明代銅印，及某某縣某某之清代陰陽執照等傳世。

明代欽天監堪察及建造皇陵時，往往會請民間有名地師（風水師）一起堪察及選址，如明神宗選陵址：「……先命文武大臣帶領欽天監及深曉地理風水之人，先行相擇二、三處，畫圖貼說進呈御覽，恭侯聖駕親曉欽定，然後營建，以為萬年壽藏。」（《明神宗實錄》卷一三二）所以明代很多民間地師（風水師）因此得以進入欽天監。至清初順治後，清代皇陵選址已不再從民間請名地師（風水師）擔任選址之職，一律只用欽天監官員，或加上精通堪輿學的文武大臣：如清初高其倬（官至兵部尚書、工部尚書、兩江總督等）、清端木國瑚（三元玄空派上虞派代表人物，曾著《周易葬說》、《楊曾地理元文》（心一堂術數珍本叢刊即將整理出版）、清末翁同龢（咸豐狀元、光緒帝師、官至協辦大學士、戶部尚書等）等，一同勘定。

考現存明清皇室陵址，與「五音姓利」之術不合。所以明清欽天監漏刻科堪輿學內容，當不同宋、金、元時期的官方堪輿學，即不以《地理新書》之法為宗。現今流傳的明清兩代堪輿書籍中，基本上亦已不用「五音姓利」之術。此當是明代欽天監大量從民間選拔有名地師（風水師）進欽天監，吸收了當時民間堪輿學有關。至清代，欽天監漏刻科的職位有空缺，主要是由世襲或從官學（包括國子監、地方陰陽學等）中考試選拔，可見清代官方陰陽學內容已發展相當成熟，堪輿學等內容已有專門培訓，自成體系。

不過，明清兩代俱沒有公開刊刻的官修堪輿書籍（明代《永樂大典》、清代《古今圖書集成》及《四庫全書》等，雖為官修及收有不少堪輿書籍，不過其性質屬於類書或叢書，并非如官修《欽定協紀辨方》等，目的是統一當時民間不同流派之選擇術，頒行天下，使民間術家從之。），明清欽天監及地方官辦陰陽學的內容及試題，史籍也未有記載。

所以，時人對明清欽天監的堪輿學內容，長期只能從明清實錄、奏折、筆記、小說、傳說，或者由實物如明清皇室陵址、清代負責皇室工程的樣式房（樣式雷）燙樣（模型）、圖樣等，一麟半爪的略知一二。其具體內容的理論、方法，陽宅理法等，更是一片空白。而《欽天監地理醒世切要辨論》及《欽天監風水正論》的出土，則正可補充了這片空白。

本書是清欽天監刻漏科以博士金谿高大賓、博士東魯齊克昌（考其後歷任主簿、左監副、副監）為首，聯同多名欽天監刻漏科等官員的共同撰述。據本書增刪本《欽天監風水正論》序云：「近世為其術者恒秘，淺者執所得以自是。陋者執羅經以悞人，亦一危也。玆因本監刻漏科，專司相度，於是出其秘典，搜輯群書，列為一切要辨論，四科咸備，體用兼全。頒刻中外，俾孝子慈孫之欲葬其親者，藉是以無患。……」本書是欽天監刻漏科採用了內府珍藏的堪輿、選擇秘本，辨正當時流行的堪輿（及選擇）術繆誤，正其原理

（體）及應用（用），使官方陰陽學及民間地師（風水師）有所遵循。其撰寫目的，應與同是清乾隆時期官修頒行的《欽定協紀辨方》，是相類似的。不過未知何故，此書一直沒有付梓出版頒行。此鈔本《欽天監地理醒世切要辨論》及《欽天監風水正論》可能是欽天監或地方陰陽學內部流傳下來的孤本了。

本書「相度（堪輿）則宗卜氏及於朱子，剋日則宗楊筠松造命之説。」明清民間堪輿術，雖曰分形勢、理氣兩大宗，從現存明清兩代堪輿書籍中，大多是形勢理氣合參，其中又以「理氣為主，參以形勢」為多。明代理氣多宗三合（術），至清代理氣除宗三合外，亦有宗三元者，然三元中又有不少流派。考本書堪輿術，以形勢為主，反覆闡釋《葬經》乘生氣之旨，力辟三合術中有關淨陰淨陽、星卦方位的呆板之法，認為「陰陽五行之理氣，即寓於巒頭之中。非巒頭之外，又有理氣之説也。」論陽宅又辟八宅遊年之術，認為相陽宅應以「納堂氣」之法及「九宮東西宅命」等術為要，亦論選擇、修方之要等。以上內容，皆與清代民間主流的三合術（陰宅）及八宅遊年術（陽宅）不同，而自成體系。

清代欽天監漏刻科對官員要求甚為嚴格。《大清會典》「國子監」規定：「凡算學之教，設肄業生。滿洲十有二人，蒙古、漢軍各六人，於各旗官學內考取。漢十有二人，於舉人、貢監生童內考取。附學生二十四人，由欽天監選送。教以天文演算法諸書，五年學業有成，舉人引見以欽天監博士用，貢監生童以天文生補用。」學生在官學肄業、貢監生肄業或考得舉人後，經過了五年對天文、算法、陰陽學的學習，其中精通陰陽術數者，會送往漏刻科。而在欽天監供職的官員，《大清會典則例》「欽天監」規定：「本監官生三年考核一次，術業精通者，保題升用。不及者，停其升轉，再加學習。如能黽勉供職，即予開複。仍不及者，降職一等，再令學習三年，能習熟者，准予開複，仍不能者，黜退。」除定期考核以定其升用降職外，《大清律例》中對陰陽術士不準確的推斷（妄言禍福）是要治罪的。《大清律例．一七八．術七．妄言禍福》：「凡陰陽術士不許於大小文武官員之家妄言禍福，違者杖一百。其依經推算星命卜課，不在禁限。」大小文武官員延請的陰陽術士，自然是以欽天監漏刻科官員或地方陰陽官員為主。

清代皇家及官方堪輿學，從上述欽天監漏刻科對官員學習、考試、選拔、定期考核、律法監管等嚴謹制度下，通過歷代皇家及官方堪輿術經驗的累積及發展，以及研究當時內府珍藏的堪輿秘本，可說是達到了我國皇家及官方堪輿學上的一個高峰及成熟時期。如本書增刪本《欽天監風水正論》（已輯入心一堂術數珍本叢刊・堪輿類，已於二零一一年線裝出版。）乾隆十一年都察院左副都御史趙大鯨序：「高君（本書作者之一高大賓）精於形家言及剋擇，一時無出其右。」乾隆十一年都察院左副都御史管欽天監監正事何國宗序：「金谿高君爾父（大賓）、新城齊君東野（克昌）學識，此通監所交推者。即予家相度陰陽，亦嘗賴以諏吉舉事，靡不響應。」同年工部右侍郎徐逢震序：「金谿高君，執秩欽天監有年，其卓見特識，持論皆有根底。凡所相度與諏擇，各有神驗。其名傾動公卿間。……即予也年逾四十，尚艱於嗣，賴君改卜邸舍，許以孕毓，比歲果驗。」從以上得知，本書主要作者高爾父（大賓）等，是乾隆朝欽天監中所交推的堪輿高手。乾隆朝中大臣，不少請高氏相宅及諏擇後，各有神驗。工部右侍郎徐逢震年逾四十無子，高氏為其另相陽宅，預言搬遷後能生一子，後果驗。因此，本書主要是出自乾隆初欽天監中堪輿學第一人高大賓之手，益見本書是清代皇家及官方堪輿學的精華及力作。

本書是心一堂術數珍本叢刊編輯小組，整理出版《欽天監風水正論》後，在整理虛白廬術數類藏書時發現的另一個早於《欽天監風水正論》鈔稿版本。對比書成於乾隆五年本的《欽天監地理醒世切要辨論》及乾隆十一年本的《欽天監風水正論》，乾隆十一年本多出三篇序言，及增加了〈淨陰淨陽辨論〉、〈論開山立向與修山修向不同〉、〈論修方〉、〈論修方〉、〈論修中宮論〉等篇，而乾隆五年本則多出〈欽天監地道總論〉，此篇在乾隆十一年本是被刪去的。因考慮到後來被刪去的〈欽天監地道總論〉其實是欽天監堪輿學一篇重要的總論，而且本書未曾刊刻，存世已知的這兩個的鈔本均在傳鈔過程中有一定的錯字及漏鈔，所以，再出版另一版本《欽天監地理醒世切要辨論》在內容及版本上仍是有很大的價值。

清亡至今雖只有一百年，然清代皇家及官方堪輿學之內容，以及欽天監漏刻科及地方陰陽學之沿制，因為缺乏相關資料，及無人涉獵，幾已湮沒。隨《欽天監地理醒世切要辨論》及《欽天監風水正論》出土及出版之際，亦順便在提要中對欽天監漏刻科及宋元皇家官方堪輿學之內容沿革，略加考證，拋磚引玉。讀者以能以本書《欽天監地理醒世切要辨論》及本書另一版本《欽天監風水正論》（輯入心一堂術數珍本叢刊·堪輿類，已出版）對讀，除填補了時人對清欽天監漏刻科的堪輿學內容的空白外，也揭開了清代皇家及官方堪輿學作法，包括陰宅、陽宅、選擇、修方的內容，而益見本書的珍貴之處。

故此特據虛白廬藏乾隆五年稿本以最新數碼技術修復整理，以原色精印出版，以供參考研究及收藏。

陳劍聰

心一堂術數珍本叢刊編輯小組

二零一二年十二月

序

相山度形原其初本以侯土驗氣測量水脉以寧死者而贊慈孝故未始有吉凶禍福之說然其所以侯驗而測量之者雖不言吉凶禍福而吉凶禍福存乎其中一不致謬使孝子慈孫陷其親之遺骸于水泉虫蟻之患而不自覺其為凶禍可勝道哉自歷朝建都立陵皆察山川情性究陰陽之玄奧挖西天地顛倒五行推求八卦如庖丁解牛九方皋相馬以其所經歷而恒試之々者載之于書々鮮文詞其法具在輓近世為其術者恒悶

淺者執所得以自是陋者執羅經以悞人亦一厄也茲因本監漏刻科專司相度于是出其秘典搜輯羣書列為切要辨論四神咸備體用兼全頒刻中外俾孝子慈孫之欲塟其親者藉是以無患死者寧生者順不徼福而吉無不利矣古人候土驗氣測量水脉之意不懸是而彰明較著者哉是為序

欽天監正進受

欽天監漏刻科挈壺正熊　佑

風水博士齊克昌

高大賓　校閱

時

皇清乾隆庚申年仲冬月　穀旦

欽天監地理醒世切要辨論四十五篇

內庭侍值

欽天監漏刻科署博士

金谿後學　高大賓著

## 地理切要辨論

易曰俯以察於地理察則詳於觀視謂非目力乎彼道眼法眼之稱都從察中生出耳地理者條理也即文理脈絡之理也山脈細分縷析莫不各有條理之可察自羅盤之製成方位之說

立始以地理之理涸為方位陰陽之理故有格龍格穴之語使龍穴果用格而不用察則真龍正穴人皆易得而知之又何古云三年尋地十年定穴哉倘格龍須三年格穴須十年則是羅盤心一恠物而用羅盤者必一憨人矣山靈有知自當為之恥笑愚故謂方位陰陽之理則用格而不用察非格則方位之分辨選擇之趋避莫由知矣觀卜氏云立向辨方的以子午針為正其用格而不用察也可知地理之理則用察而不用格非察則脈絡之貫串龍穴之真情無由見矣觀卜氏云留心四顧相

山亦似相人其用察而不用格也可知噫倘覽此辨者猶昧而弗覺烏得謂之高明也哉

欽天監漏刻科博士　東魯後學　蔣克昌著

## 形勢切要辨論

觀龍以勢察穴以形勢者神之顯也形者情之著也非勢無以見龍之神非形無以察穴之情故祖宗要有聳拔之勢落脉要有降下之勢出身要有屏障之勢過峽要有頓跌之勢行度要有起伏曲折之勢轉身要有後撐前趨之勢或踴躍奔騰若馬

之馳或層級平鋪若水之波有此勢則為真龍無此勢則為假龍雖有山脉行來不過凡硬荒困縱有穴形必是花假此一定之理也審勢之法先要登高望之次從龍身步之再從左右觀之對面相之則其真神顯露之處与其奔來止聚之所自可得而知矣至於察形之法當辨其圓尖曲直方形之五體窮其窩鉗乳突之四格再以乘金相水穴土印木之法認之則穴情自難逃矣何謂乘金蓋五行中以圓為金以曲為水以直為木凡有真穴必有圓動處窩鉗之穴在頂乳之圓在下突之圓在中

若窩鉗之中更有乳突乳突之上復有窩靨名曰羅紋土縮即少陰少陽之穴也乘者坐乘于圓暈動氣之中也何謂相水蓋有圓動可乘左右必有瀊泛曲抱之水交揖于穴前小明堂内即蝦鬚蟹眼是也相者相定二水交合處而向之也何謂印木蓋瀊泛水外必有瀊瀊兩股真沙直夾過穴前方逼得瀊泛水合於小明堂内即蟬翼牛角是也印者有此水必印証於此沙方為氣止水交若無此沙則水洩氣散非真穴也何謂穴土蓋有此三者又須有五土四備裁肪切玉之土方有生氣否則外

形与內氣不相符合亦非真穴也穴者如人身鍼灸之穴一空於此而不可易也苟四徵既具中間必有煖氣即火也此察穴之要法也故地理之要不外乎形勢而已矣今業此術者多以方位星卦之虛談視為精義而於形勢之寔理反目為淺說以致地理混淆真偽莫辨欲不誤人而不可得故辨明形勢之理以俾後之學者指示天下得以趨向於正而無邪路之惑也

欽天監五官正　南昌後學　熊　佑著

落脉切要辨論

真龍落脉必須成星體開面展肩挺胷突背有大勢降下如婦人生産努力向前推送但對面正看不見其形左右睨視方見其勢此陰體陽落之理也至於行龍身上落脉或起頂分落或肩旁落或硬腰落或尾後落或側面落或挂角落或紐絲落或偏閃落雖無大勢降下亦要龍身磨轉或其肩面稍有停留落下之勢其脉方真否則恐為枝脚沙體非真落也故本監審龍先要看其落脉辨其真偽不可只看到頭一節便認為真也所謂山之結地不結地只看落脉便知故落脉一節為龍之根本

不可不留心細察也

## 龍身孤單切要辨論

金豁後學高大賓著

龍身行度兩旁無外山護送則謂之孤單然起處有枝脚護從轉身有尾撐托送則本身自衛有力到頭亦有結作但力量稍輕耳若龍身行度兩旁有外山護送而本身反無枝脚撐々則謂之真孤單到頭定無結作故術家審龍先要看其本身孤与不孤不可因其有外護而遂認以為真無外護而遂認以為假也至于蘆鞭串珠貴格又不可以此槩論大要龍身真假之辨

先在落脈處討其消息此又不可不知也

## 龍脈方位切要辨論

高大賓著

海角經以艮巽兌為三吉乾坤坎離震為五凶催官篇以亥為天皇第一艮丙巽辛兌丁為六秀玉尺經以乾坤為二老辰戌丑未為四庫貴人不臨之鄉且為四暗金殺來龍不可犯然則三吉六秀至貴龍也二老四庫五凶至賤龍也誠以陰龍為貴而陽龍為賤也又何以丑未震屬陰而亦見棄互相矛盾耶今貴龍無論已姑以賤龍言之如廣西呂氏茅潭山祖地乾龍辰

向後出宰相二子登甲錢塘茅氏三台山祖地坤龍癸向後出
狀元福建林氏獅頭山祖地辰龍戌向後出五尚書科第連綿
鉛山費氏祖地辰龍戌向後出狀元餘姚謝氏祖地戌龍辰向
後出宰相歙縣黃氏祖地戌龍辰向後出副憲世科會稽陶氏
萬先祖地丑龍丁向後出會元餘姚謝氏祖地未龍巽向後出
宰相探花會元他如山東北五省壬龍子癸龍乙龍寅甲龍干
龍申龍俱有名地可考難以盡述只如乾坤為二老辰戌丑未
為四庫而何以反出大貴耶又查青田元勲劉氏祖地庚酉龍

入首作辛山乙向豊城世科李氏祖地艮龍入首作戌山辰向蘭溪世宦章氏祖地坤申龍入首作坤山艮向吾鄉總憲劉氏祖地戌乾龍入首作乾山巽向此乃陰龍陽向陽龍陰向是謂陰陽駁襍又何以反出大貴即由此觀之可見二十四龍皆可葬二十四向皆可向不可以二十四方位陰陽分為龍脉之貴賤也蓋貴賤出于祖宗來龍非出于方位陰陽也且龍脉不過從亥方入首即以亥名之從乾方入首即以乾名之非因有二十四方位之名分定有二十四樣龍脉也故只可以二十四方

位分辨龍脉之陰陽五行以便於選擇趋避斷不可以二十四方位分為龍脉之貴賤也司馬頭陀云以方向别外氣之符應則可以方向定龍穴之真的則不可蓋龍穴既定方向隨之非由方向以定龍穴也斯言誠足徵已

戶部山東司郎中　錢塘後學　洪文瀾著

## 穴情方位切要辨論

催官篇玉尺經皆言陰龍為真氣陽龍為偽氣後人遵用二說點穴只以羅經格之是亥是艮便謂氣真為貴是乾是寅便謂

氣僞爲賊如来脉是亥艮臨結穴亥兼乾三分艮兼寅三分則扶起亥艮之陰而放倒乾寅之陽挨左挨右以乘其氣或亥變爲乾壬艮變爲丑寅卽乘亥艮之真氣撍之截去乾壬丑寅之僞氣或亥脉到頭鋪濶襯以乾壬艮脉到頭鋪濶襯以丑寅卽提高就亥艮扦之而棄其襯氣又有變通其說者如亥艮之真氣多如乾壬丑寅之僞氣少則宜留真去僞依亥艮扦之若乾壬丑寅之僞氣多而亥艮之真氣少又宜從陽合陰就乾壬丑寅扦之不可貪亥艮之真反致取禍也又有不遵其說者謂来

脉陰多為真入首陽少為偽來脉陽多為真入首陰少為偽此真來偽落穴其真者初退久吉穴其偽者初發久凶又謂來脉陰少為偽入首陽多為真來脉陽少為偽入首陰多為真此偽來真落立穴惟乘入首之真甚吉是皆以多少分真偽不以陰陽分真偽總之皆謬說也蓋天地間一陰一陽之謂道故孤陽不生孤陰不成生物必兩要合陰陽果如前說以陰為真以陽為偽只用真棄偽則是陰可有而陽可無縱天地合而復闢亦斷斷無是理矣即以其說推之如岡巃來脉尚有形跡之可格

分其陰陽多寡若茫茫迴野一片鋪毡展席淼淼平湖一望無形無影將何處格起而分其陰陽多寡以辨其穴之真偽貴賤耶毋廼執而不通是術之窮乎且脉氣止聚之處自有一定穴情而不可易豈可依方位陰陽多寡而那移變遷者乎予故謂穴之真偽貴賤在於來龍龍之真偽貴賤由乎祖山以祖宗証龍以龍証穴萬無一失斷不可以方位陰陽多寡辨其穴之真偽貴賤也郭景純云葬者乘生氣也其生氣者何正朱子所謂陰陽五行之氣化生萬物者是也由此觀之則陰真陽偽之謬

昭然可見矣

沙形方位切要辨論　洪文瀾著

催官篇玉尺經及沙法諸書謂文筆宜居巽辛為天乙太乙當出大魁若在坤申則為訟筆主出訟師天馬宜居乾離為不易之正馬定出公侯若在東方則為木馬主出木匠印星不宜居坎離非聾目則墮胎游魚不宜居丑寅非打綞則僧道今查南城張狀元祖地文筆在坤蘄州中狀元祖地文筆在申則文筆在坤申而反出大魁者多矣何必拘於巽辛也又查福建馬尚

書祖地天馬在甲福建王總都祖地天馬在乙則天馬在東方而反出八座者多矣何必拘於乾離也又查德興張氏上張水南祖地穴前石印正當干丁方並無簪之輩則石印之方圓端正主在堂內謂之印浮水面世出魁元即坎離又何嫌也又查玉融商氏陽基陰地水口游魚都在丑艮方出兄弟三進士吾鄉蔡布政祖地魚亦在艮方並無僧道之流則游魚之逆流向上填塞水口名曰禽星守戶代產英豪即丑艮又何妨也大要沙形以尖圓方正相向有情為吉以敧斜破碎反背無情為凶

而方位不必拘也楊公云山水不問吉凶方吉在凶方亦富强急流斜側山尖射雖居吉位也衰亡此以沙水而合言之也又云沙如美女貴賤從夫故術家論沙先當以龍法推求次宜察具形狀之美惡性情之向背不可泥於方位而斷為吉凶之應也存驗

禮部主客司員外郎石城後學管志寧著

## 水法方位切要辨論

諸書論水法者有謂來水宜在旺方去水宜死絕方具生旺死

絶之説或從来龍起或從坐山起或從向上起為三合水者有謂寅午戌申子辰六向武曲星管局癸艮甲辛四向廉貞星管局巽丁坤庚壬五向破軍星管局俱宜右水倒左吉巳酉丑亥卯未六向巨門星管局乾丙二向貪狼星管局乙向禄存星管好俱宜左水倒右吉反此為凶者有謂貪武水宜来不宜去文廉禄水宜去不宜来巨輔弼水来去皆可破軍水来去皆不可者有謂乾坤艮水可去不可来巽水可去可来寅申巳亥四生水宜来不宜去辰戌丑未四庫水宜蓄不宜流者有謂乙丙交

而趨戌辛壬會而聚辰斗牛納庚丁之氣金羊收癸甲之靈為辰戌丑未四墓水者有謂子寅辰乾丙乙屬金為陽為公干申戌坤壬辛屬木為陰為母卯巳丑艮庚丁屬水為陽為子酉亥未巽甲癸屬火為陰為孫為四絕水者有謂來水去水生入尅入向吉向生出來水去水尅出來水去水凶為玄空水者有謂生入尅出為進神水生出尅入為退神水者有謂艮震巽兑為陰催官水丙丁庚辛為陽催官水者有謂亥天建艮地建丁人建卯財建巽、祿建丙馬建為六建水者有謂艮貪狼水主官祿巽巨門水主財帛兑武曲水主人丁為三吉水者有謂巽丙丁為三陽水者有謂艮丙兑丁為長壽水者有謂丙丁為赦文水者有謂卯寶倉水巽文筆水丙金堂水丁玉門水辛學堂水為五吉水者有謂艮丙巽辛兑丁為六秀水者有謂庚酉辛為金堦水者有謂乾坤艮巽流去為御街水者有謂卯龍見庚水之類為納甲歸元水者有謂乾坤艮巽為大神水甲庚丙壬為中神水乙辛丁癸為小神水小神宜流入中神中神宜流入大神而大神不可流入中神小神者有謂大神小神俱要合祿馬貴

人而先用支神次用干維或三折內不用支神而三折外弗拘或專用干維而全不用支神者有謂子午卯酉為桃花水者有謂寅申巳亥為劫殺水者有謂辰戌丑未為黃泉水者有謂庚丁向見坤水乙丙向見巽水甲癸向見艮水辛壬向見乾水為黃泉水者有謂乾龍忌午水坎龍忌辰水艮龍忌寅水震龍忌申水巽龍忌酉水離龍忌亥水坤龍忌卯水兌龍忌巳水為八曜水者其法多端難以盡述然究其諸說之謬一始於卦例之徒再雜於星學之輩如長生桃花之說是也故議論紛紛互相

矛盾雖欲用之將何為確據而適從之無怪乎劉公淵公一切置之弗論可也蓋地理四用龍穴為主沙水為輔龍真穴正沙水自然合法設或有小節之疵則有裁剪之法在豈可就星卦依方位而論其吉凶耶楊公云水似精兵進退由將誠哉是言也至於水法之妙惟郭景純葬書言之詳矣書云朱雀源於生氣者謂水居穴前故名朱雀氣者水之母水者氣之子湖其水流之源寔生氣之所溢也故曰源於生氣派於未盛者謂水源初分流既未長勢猶未盛也朝於太旺者謂眾水同朝於明堂

其氣太旺也澤扵將衰者謂水將流出必先滙為澤其勢藏蓄而將衰也流扵因謝者謂水流出處兩邊沙頭交揷關鎖猶如因物而不令出也以返不絕者謂氣溢而為水水又因而不去反潰以養氣氣水循生無有斷絕也至法每一折瀦而浚洩者謂欲其曲折停蓄不欲其直流速去也洋洋悠悠顧我欲留者謂水扵穴留戀有情也其来無源其去無流者謂来遠莫知其源去曲莫知其流也此書通篇只論水之形勢性情何嘗有方位之說也再觀卜氏賦中論水亦只論其形勢性情並無一字

言及方位也今術家就星卦方位而論水者則比比矣舍星卦方位而以情勢論水者則百無一二焉究其弊端大約有二一為父師相傳已久非有上智焉能破俗失在不明一為以情勢論水吉凶易辨莫可飾偽利葬家不利術者故執其說而不變弊在挾詐以故往往為人尋地遂使吉者不葬葬者不吉惑世誣民莫此為甚誠可慨也余遍目古墓以及福地其水法情勢合而不合方位發者甚多方位合而不合情勢發者絕少以故愈信水法之妙不外於形勢性情而已矣今以水之情勢宜忌

且詳於左凡水來要之玄去要屈曲橫要彎抱逆要遮闌流要平緩瀦要澄清抱不欲衆朝不欲衝遠不欲小近不欲割大不欲蕩對不欲斜高不欲撲低不欲傾靜不欲動衆不欲分有味可嘗有聲可聽合此者吉反此者凶明乎此則水之利害昭昭矣奚必拘於方位哉

欽天監漏刻科五官挈壺正　南昌後學劉毓圻著

## 生氣切要辨論

生氣之說賦中葬乘生氣本註雖已詳載而尚有未及言者蓋

生氣固當以認脉為先其次又當辨穴星如金之生氣聚於窩
泡木之生氣聚于芽節水之生氣聚于湧凸土之生氣聚于口
角火之生氣聚於水窟謂之水火既濟也其次又當相穴形如
孩兒動在顖門側掌動在合骨仰掌動在轉皮腕藍動在鼠肉
之類動乃生氣之機也故當以動為生其次又當察穴暈如暈
上尖下圓則氣在下上圓下尖則氣在上圓乃生氣之表也故
當以圓為生其次又當分陰陽造化一不能生生則必兩如龍
之雄者結穴必畧生窩口龍之雌者結穴必畧生堆突是龍穴

相交有陰陽也穴之中心有上陰下陽上陽下陰有邊陰邊陽有陰多陽少陽多陰少有陰交陽半陽交陰半是穴中相交有陰陽也交乃生氣之情也故當以交為生其次又當看四應內四應者生氣之証也上面溦起圓毬為後應下面合水尖簷為前應面邊鰕鬚蟹眼水蟬翼牛角沙為左右應也外四應者生氣之輔也後頭蓋樂山為後應前面朝案山為前應兩邊夾耳山為左右應若前應有情則氣在前後應有情則氣在後左應有情則氣在左右應有情則氣在右四應俱有情則氣在中此

以四應驗生氣之法也其次又當詳龍虎龍虎者生氣之用也左右沙高則氣在高處左右沙低則氣在低處左直右抱則氣偏在右〻直左彎則氣偏在左此以龍虎驗生氣之法也其次又當觀朝山朝山者生氣之配也朝山若高則氣在高處朝山若低則氣在低處此以朝山驗生氣之法也其次又當審明堂堂水者生氣之食也堂水聚中則氣在中堂水聚左則氣在左堂水聚右則氣在右此以明堂驗生氣之法也今術家不知察生氣之法只憑羅經格之是亥是艮便謂陰氣為尊是乾是寅

便謂陽氣爲僞若亥兼乾三分艮兼寅三分便謂放倒乾寅之僞氣扶起亥艮之真氣偏左偏右以乘之以故往往爲人扦葬反失生氣而受死氣貽禍于人莫可救也故乘氣之法先當隨龍認脈因脈察氣次當以上諸法詳之庶不失生氣之所在得以乘之而無差也

## 淺深切要辨論

金谿後學　高大賓著

淺深之說多端有以來脈定淺深者如來脈入首強作穴凹出口尖此乃脈浮而屬陽法當淺葬來脈入首弱作穴凸出口圓

此乃脉沉而屬陰法當深葬然槩而言之陽脉當淺陰脉當深
若詳而言之陰脉中有淺深陽脉中亦有淺深又當變而通之
也有以到頭峽脉定淺深者如峽脉高則宜淺峽脉低則宜深
然此法或可施之于平岡平支至于高巃之穴則又非此論也
有以從佐定淺深者如四山高則氣浮而宜淺四山低則氣沉
而宜深然亦當看其寬緊何如如四山高而寬緩則氣或有浮
而反沉四山低而緊夾則氣或有沉而反浮不可以此為拘也
有以明堂定淺深者如明堂水低則宜深葬明堂水平則宜淺

奕然此法只可用之於平支至於岡巄之穴又豈可以此為法執有以陰肥二合水定淺深者然高山與平地不同亦不可以此槩論也有謂藏於涸燥者宜淺藏於坦夷者宜深然坦夷者窩言涸燥者指突言如突在平地則宜淺若在高山又宜深也窩在高山則宜深若在平地又宜淺也亦不宜執一而不通也至以地母卦尺數与紫白寸數定穴之淺深者皆為謬說斷斷不可用也大約淺深之法在岡巄則察其來脉之浮沉以四山從佐證之在平支則相其界水之淺深以水土厚薄度之再辨

其窩鉗乳突之四穴以支壠地勢較之總而言之莫妙于臨時斟酌驗其土色以準之蓋堅細而不鬆油潤而不燥鮮明而不暗此生氣之土也驗其質覩其色察其氣以求其中則淺深之法不外是矣若詳而推之開井除浮土外遇此生氣之土々薄則開下一尺三四寸土厚則開下一尺七八寸只要包過棺內骸骨不必論其棺之高低也大要多留氣土以墊棺底使其運蒸悠久斷々不可掘深發盡氣土更不可掘過金銀爐底土打破穴底以致受冷犯濕不可復救也楊公云淺深之法亦難定

矣然失之于深寧失之於淺〻如架甑氣猶可運蒸而上深如
潑盡鍋水為有氣蒸蓋脉從後來氣從上升土為氣體土盡則
氣盡故不能上蒸也至於平洋之穴惟堆土成墳不必驗其土
色只看水局之大小以堆塚高低配之而淺深非所論也

水土不上堂休點穴辨論　石城後學管志寧著

此言水不上堂謂真水不上小明堂也蓋結穴之處必有兩路
隱〻真水交聚於〻明堂內而外有兩股潊〻直沙交收小堂
真水方是氣止水交而為真穴也否則水洩氣散焉有結作故

云休點非謂外来界水必欲上堂方可點穴也且外水不但不能入小堂并不可徑入内堂凡水將到内堂之處須要一股上沙遮闌使其屈曲環繞而来不見有穿割衝激之勢斯内堂氣聚元辰水静而為真明堂也干氏云逆水来朝不許内堂之洩氣正此之謂也若錯認外水不上堂便休點穴不惟有失點穴之旨并昧堂局之勢矣以言之盖穴前小明堂外水固不能入即以内堂言之平地之内堂〻与外水相平猶可使之上堂至髙山之内堂〻与外水懸絶必不能使之上堂此一定之勢也

若執定外水上堂方可點穴則只有平地之穴可點而高山無穴可點矣若不必外水上堂亦可點穴則先賢又何為立此一言以教後人者耶由此詳之則堂指小堂水指真水也明矣蓋穴前小明堂合襟水無論高山平地皆有之故卜氏云登穴看明堂正此謂也然此理亦微矣楊公云有人識得明堂法五百年中一間主誠嘆其難也

穴形正變巧拙辨論

上起頂下垂乳龍虎均停者懸乳穴也重龍重虎者雙臂穴也

龍虎一長一短者弓脚穴也或有龍無虎有虎無龍者单股穴也坦夷仰臥者平面穴也此五者穴之正體也開口穴者下無乳也本體穴者無龍虎也側腦穴者頂不正也沒骨穴者無頂也此四者穴之變體也何謂巧以其穴形完美地勢異常使人驚也何謂拙以其穴形醜陋出於非常使人疑也此巧拙之穴謂之怪穴也怪穴篇云或然高在萬山巔天巧穴堪扦或然抵在深田裡沒泥穴可取或然結在水中央四畔水汪洋或然結在頑石裏鑿逢土脉取此皆穴之巧者也、有穴前生尖嘴楓葉三叉髒也有穴後是空槽玉筋夾饅頭也有醜穴如鶴爪突露無人曉也有醜穴似牛皮懶坦使人疑此皆穴之拙者也又有騎龍之穴如順騎倒騎橫騎正騎左順倒騎右順側騎左倒側騎右倒側騎此數穴亦皆在怪穴之中也然穴雖有正變巧拙之異大要不外於認龍認得龍真自知穴的又何慮於怪哉故先賢穴多怪異非好怪也良由認得龍真穴的常亦扞怪亦扞初不知常之為常怪之為怪也自後人罕見之以為怪耳呂東萊云怪生於罕而止於習先賢不以怪穴為怪者亦習之而

已今術家不但不知怪并不知常總由誤於催官篇玉尺經及諸般卦例之說審龍審穴只以羅經格之而不知用目力之巧以察其真僞之情也真僞尚且不能辨又何況于怪式噫亦難言矣真正吉穴反多隱藏不起人眼虛花假穴反多顯露易于動人非傳授真識見廣者鮮不為其所以也

## 龍虎切要辨論

東魯後學　齊克昌著

青龍白虎朱雀玄武乃古人借四獸以別四方者也蓋青龍屬木故列于東方白虎屬金故列于四方朱雀屬火故列于南方

元武屬水故列于北方術家以前為朱雀後為玄武左為青龍右為白虎者曰建都皆坐北朝南左東右西故借四獸以稱之也後人錯認龍虎為真不論水之去來凡是青龍邊便謂宜高凡是白虎邊便謂宜低殊不知東西南北之方位一定而不可易非若前後左右之宮位可隨身而轉之者也若向北之地則四獸皆易位前元武後朱雀左白虎右青龍矣故論墓地左右之沙只宜究其上下之義不必泥於龍虎之名如水從左來則左為上沙右為下沙水從右來則右為上沙左為下沙上沙宜

低弱低弱則天門開得見水來下沙宜高強高強則地戶閉不見水去此正理也卜氏云壇廟必居水口正為下沙関水而言而龍虎無論矣今之庸術專以白虎験人何也管公明辨之頗詳惟高明究之可耳

欽天監監副　大興後學　李廷耀著

朝案切要辨論

龍來結穴貴有朝案此常論也然亦有〻朝無案者有〻案無朝者又有朝案俱無者將何所取用哉惟欲諸水聚于明堂之

中耳楊公云也有真形無朝山只要諸水聚其間是也然亦繞論無朝案耳未曾有向東向西向南向北之辨蓋南与東西無朝案猶可向北之地無朝案則不可迺朔風最嚴使無朝案遮闌未免飄散生氣焉有融結楊公云也有大地去朝北惟要面山高過額正謂此也殊不知有不盡然者余還敝鄉東冲胡氏祖地御屏土星挂角八首微起金星開窩丁山癸向正朝北方堂局寬濶無近案遮闌左右無龍虎護衛只有大羅城水口而已以俗眼觀之宜乎風寒氣弱不甚發福而何以反出巨富人

丁数千發福悠久而成大地也哉蓋有妙理存焉一来龍係大幹盡結氣旺不畏風寒一石山土穴觧剝不畏風削一高山跌落平地開窩作穴喂聚不畏風吹故發福大而且久此穴之最怪者非目覩不能知之卜氏云看格尤勝看書斯言誠是也夲監尋地全要認龍之真穴正而沙水不足不過小節之疵焉能減其厚福所以有朝案固沙如無朝案亦可亦不可拘々于此而反棄龍穴之真也卜氏云外貌不足内相有餘大象可觀小節可略斯言足味

# 迎水立向切要辨論

大興後學李廷耀著

水本動妙在靜〻者何瀦則靜平則靜灣則靜立向之法貴迎平灣聚瀦及堂局正中相對有情之氣方能承受外氣而獲福也今術家不知迎水之吉只看水從某邊來便立向搶之以致上沙逼來水短下沙寬去水長外失堂氣內失坐下反福為禍可勝嘆哉今本監立向趋避之法具詳于左一避沙之順而趋逆一避水之動而趋靜一避沙水之散而趋聚葢上沙為順下沙為逆來水為動到堂為靜沙抱水灣為聚沙反水走為散學

者明此思過半矣

束氣切要辨論　　南昌後學熊　佑著

龍將到頭跌斷束氣再起星辭落脈結穴此正理也然有一等疑龍竟不過峽束氣而反結大地者如含山太湖吳進士祖地是也觀其龍之形勢自離祖出身以來不跌斷過峽不起伏轉折只一片蛮鋪經直奔來至將入首處閃歸一邊橫開鉗口抽出一線微脈結穴甚是隱藏難以察識人因其無束氣多有疑之者殊不知龍將到頭抽細過峽起頂結穴則謂之束龍束氣

臨穴化開鉗口抽脉結穴則謂之穴上來氣然上穴來氣之理先賢俱未發明故特表之以廣學者之見耳

## 裁剪切要辨論

高大賓著

裁剪者作用之法也龍真穴的而沙水有餘不足則方用裁剪法今術家不論龍穴之有無動言裁剪取用殊不知有龍穴而淺可用裁剪未有無龍穴而裁剪成地者也或有來龍的真而穴形變異則用法葬者有之如開金取水堆土成墳之類是也又謂小地裁剪大地生成豈知裁剪之說無論地之大小凡有

沙水不足皆用此法觀葬書云目力之巧工力之具趨全避缺增高益下是槩論作用之法而未嘗有大小之分也或以節取作穴如斬関截氣之類謂之小地則可不可謂小地全是裁剪取用也學者思之可以目悟矣

## 大小地切要辨論　高大賓著

大地有勢而無形其病在穴非病也言其穴之醜也小地有形而無勢其病在龍亦非病也其其龍之弱也如出局觀之祖山尊貴龍身特達遠山遠水無不照應羅城水口無不重開及至

內則堂局寬濶本身不主龍虎穴情隱拙最難察識此勢有餘而形不足者也若出局觀之祖山不貴龍身不顯四傾少情門戶少閉及至內則堂局緊密龍虎齊抱穴情明白一目了然此形有餘而勢不足者也　形勢兩美此又地之更大者今術家只以穴形之美而不識龍勢之妙未免以小為大以大為小甚至以大為假而弃之者有之豈不深可惜哉

欽天監漏刻科博士　山陰後學　鍾之模著

作用切要辨論

蔡牧堂云山川之融結在天而山川之裁成在人故截長補短損高益下莫不各有當然之理其始也不過目力之巧工力之具具終也奪神功改天命而人与天無間矣由此觀之則作用之法不可不知也窮恠夫今之術家各逞臆見恣肆培補或築羅圍以填沒界水或作兜金以阻塞小堂或培金墩以壅蓋倒影或鑿月池以傷殘唇氣或專用規車大開圖堂損其穴暈或先開金井砌成空壙洩其生氣更有欲飾觀瞻多加石器鎮壓於前成為殺氣此又人事之不善豈天損于人者哉故作用之

法必要認定龍穴相其形勢當培則培當闢則闢再三斟酌始無差也豈可漫為式

## 攢基切要辨論

山陰後學　鍾之模著

葬基諸書言之詳矣未有言及攢基者以其暫攢故也殊不知攢非其地則壞棺朽骨雖以移葬而人子之心何以克安可不慎乎今以安攢之法言之一要藏風藏風則氣煖一要得水得水則氣聚然得水在於當局注水為上逆水次之橫水又次之總要下沙逆闗為妙若順水局要有近案兜収不見水去方可

言則未可以言淂矣一要坐下尊嚴雖無真龍結作亦要頂氣靠扎朝對有情堂局圓淨沙水環抱方有氣象可观一要地上乾燥雖無真氣燻蒸亦要土質堅實方無濕燥之患一要高築羅圍使棺槨藏如人居之有圍墻可避風雨一要背北向南或向東向西亦可切不可向北盖朔風最嚴易于壞棺不可誤向受其損傷一要面前潔淨不可有舊塚別物阻塞胸前闌截堂氣如此斟酌庶幾先靈暫安而仁人孝子之心亦稍慰矣切勿聽術者之妄談或奪龍氣置高岡而受風寒或就水局置低窪

而沾濕氣或單就向利而失堂氣或半截地下而被水浸凡此者不可不慎也

## 改葬切要辨論

高大賓著

先葬固當慎重改塟更不可輕易苟塟非其地有風水蟻三害相侵不得已而遷起須要速求吉地塟之否則骸骨易朽棺木易爛暴露無歸罪莫大焉若塟得其地蔭出富貴之人切勿聽射利之人妄言此地只出小富小貴若塟某地當出大富大貴輕易改遷反招大禍蓋其人既受此地之氣而生今忽改遷彼

地則氣不相續焉能獲福即彼地賸于此地遷而葬之然未受彼地之氣先洩此地之氣亦必先致其禍改葬者可不慎歟故人丁蕃衍者不可遷家道平康者不可遷無五不祥者不可遷五不祥者一塚無故自陷二塚土草木枯死三家有少亡孤寡四男必忤逆顛狂刧害刑傷瘟火五人丁將絶家業耗盡官訟不息也有三祥瑞者不可遷三祥瑞者一見龜蛇生氣之物二見紫藤交繞棺木三有水珠泡如乳溫煖或有氣如霧穴中乹燥也年代深遠者不可遷當速訪明師別求吉地接福于後此

為正理奚必輕易改葬為哉

## 官位切要辨論

大興後學　李廷耀著

宮位之分謂青龍管一七明堂管二五八白虎管三六九以是斷驗禍福此常論也然亦不可泥于此也余每見有無龍而發長少虎而發幼明堂不正而偏發中房更有此盛而彼衰彼盛而此衰禍福無憑吉凶難定者其故何也蓋心者氣之主氣者德之符人心積德天必降之以福而地亦以吉氣應之人心喪德天必降之以禍而地亦以凶氣應之是禍福之來吉凶之應

惟人自名豈盡閱龍穴之偏枯泌水之不齊乎故人子求地只宜擇吉穴以藏先人之遺體弗使風水蟻三害侵之其義備矣至房分之不均惟盡人事聽之而已若欲其全美或培補此地以助之或則求福地以襯之亦可免其不均之患也楊公云豈可一墳分宮位必取衆墳參互議此說可推也大抵宮位之說只可置之弗論切弗聽術者之忘斷狃于發福之偏枯停止不塟暴露無休而自陷于不孝也河南程氏曰不以奉親為計而專以利後為謀非孝子安厝之用心誠為至論

## 求地切要辨論

仁人孝子苟竭誠求地以安親天豈肯阻人行孝而不假以吉者哉切勿執可遇而不可求之一言遂置親骸于度外也但求地只在一真不在圖大圖大恐犯造物所忌故地之大小則聽其所遇耳至求地之要有二一在積德盡積德為求地之本卜氏云福地為神之所司善人乃天之克相由此觀之則知積德善人未有不得吉地者也一在擇師得師則得地者盖山川不言其情自見苟遇明師安能適其情哉第擇師之法當審其宗

主則知其傳授驗其往作則知其目力訪其素行則知其心術察其議論則知其學問有傳授真目力巧心術正問學通洞識山川之情非拘時俗之論超乎常格認人之所不能認者不可以言師矣斷不可聽入門斷入坟斷鬼靈経江湖串課斷剋應八法神針之類遑以安厝大事託之致陷親骸于水蟻之中而受莫大之罪也吾願天下之求地者當以積德為本擇師為要則庶乎安親可望矣

壺頭天星理氣切要辨論　　後學洪文瀾著

巒頭者山形也形者氣之著氣者形之微氣隱而難知形顯而易見葬書云地有吉氣土隨而起此形之著于外者也蓋氣吉則形必秀麗端莊圓淨氣凶則形必粗頑欹斜破碎以此驗氣氣何能逃以此推理理自可測奚必泥方位之理氣以為吉凶也今術家咸謂巒頭為體天星理氣為用總由惑于方位之天星與方位陰陽五行之理氣故以體用分之耳殊不知陰陽五行之理氣即寓于巒頭之中非巒頭之外又有理氣之說也謝雙湖云陰陽五行之理氣不可見而見于巒頭之形形即理氣

之著也故觀巒頭而理氣可知至于天星者蓋謂陰陽五行之氣在天成象在地成行星之所臨地之所鍾上下相感而應如下有將相之地則上必有將相之星臨之非若方位家以亥為天皇艮為天市之類也使天星地理果如方位之說則天文可以不仰觀而知地理可以不俯察而曉雖令三尺之童記紙上之陳言據盤中之遺跡亦可按圖而索驥嗚呼天文地理豈若是其易哉淺之君子當惕然猛省專心致志熟審巒頭毋惑乎方位之天星理氣執定羅經非分推求反失真地之吉而受假

地之凶也王鶴泉云當覆人家舊墳見有亥龍入首扦丙向艮龍入向扦丁向天星理氣却合而子孫大敗者只因巒頭不好也未文公云第一要緊看巒頭有了巒頭穴可求若是巒頭不齊整縱合天星也是浮誠有鑑于斯也

## 真行偽落偽行真落切要辨論

劉毓圻著

真行偽落是謂真龍行來頓起星辰轉身開面落脉或當胷正落隱隱微微不見其跡或紐落偏斜躲閃隱藏莫辨其踪猶如無脉落下一般故曰偽落偽行真落是謂偽龍落脉或貫項抽

下或硬肩挂下形跡顯然今人易見反似有脉落下一般故曰真落此二句乃辨落脉真偽之要訣也窃怪夫術家好逞臆見託名先賢改換其說以来龍節節屬陰為真入首一節属陽為偽謂之真行偽落以来龍節節屬陽為偽入首一節屬陰為真謂之偽行真落後人罔察以譌傳譌遂致落脉弗曉真偽莫辨誤人不淺余受師口訣不忍自私故發明之以俾今之學者得知落脉之真訣而不為邪說所誤也

催官切要辨論　　高大賓著

經云氣感而應鬼福及人詩云惟嶽降神生甫及申蓋謂生神得氣所生受蔭川岳降神故産英傑若其人已生則所禀非此山川之靈氣安能變愚為智化賤為貴耶或原有好祖坟蔭出貴人後塟吉地即登科第者此乃人事偶合術家因神其說謂之曰催官地其實發福非由此也又有貧寒之士原無好祖坟或禀陽宅之氣而生或感造化之氣而生生而後塟吉地即登科第者此乃祖宗積德已厚而為天之所篤生千萬中一遇耳今術家為人尋地動言催官歆人至究其催官之說便藉口於

賴公催官篇殊不知賴公既著有披肝露膽篇內云無不可聽信詐偽之徒忘言星卦自取其禍何又有天星之說耶既有天星之說則披肝露膽之內又何以斥詳偽之徒而自相矛盾耶昔稱楊曾廖賴為四明師楊曾廖三公並無星卦之說豈賴公肯著此催官篇而与三公相反耶況閱催官篇辨龍評穴評沙評水不過以方位二十四字反覆言之究竟于理一無可取且內多文理舛錯不可為訓即以天皇氣從右耳接右耳乘氣無銜腦二句推之其謬可知何也蓋脉如樹之枝梗聚成一線故

云接脉氣如枝之果實結成一塊故云乘氣雖氣由脉来然脉止而氣結則脉自脉而氣自氣非謂脉即氣也卜氏云坐乘生氣脉認来龍古人所以坐氣而不坐脉也如云氣從右耳接則以来脉為氣一不通也右耳乘氣則以坐乘為承二不通也接脉乘氣乃點穴緊要之義如此混然無别豈不大有所誤哉予想賴公既為明師斷斷無此不通之説但不知此篇出于何人所作冒名賴公期世誑民為害不淺惟高明之士留心詳之毋以先哲之言証之莫不了然明白而知其必為大謬也

# 地書正邪切要辨論

南昌後學熊 佑著

地理經書有可讀者有不可讀者可讀者惟青烏經塟書雪心賦倒杖篇疑龍經撼龍經發微論穴情賦九星篇入式歌堪輿寶鏡趨庭經堪輿管見此皆地理之正宗不可不讀也不可讀者如天机金篆催官玉尺海角青囊天玉玄珠等書一係假名僞造一係以謬傳謬此皆地理之邪說斷斷不可讀也推而論之凡言形勢性情者皆可讀凡言天星卦例者皆不可讀也此讀書又其次者也欲習斯道者先要明師登山指點龍穴沙水

口傳脉理真訣次要熟識峦頭多看仙跡稍有確見然後讀書方為有益否則是亦屋裏先生開卷了了登山茫然烏能識山川之妙哉所以徒讀地書自作聰明而反受假地之害者舉世皆然曷可勝嘆昔人謂讀書不如按圖按圖不如登山洵確論也

## 陽宅门向切要辨論

高大賓著

陽宅首重大门者以大门為氣口也張宗道云大门者氣口也氣口如人之口人之口正便于呼吸飲食人之门正便于順納

堂氣人物出入博山篇云门中正家道成此正論也今術家不知氣口之義誤以遊年星輪数八宅方门如遇貪狼巨门武曲便謂三吉方宜開大门如乾宅坤门坤宅乾门艮宅兑门兑宅艮门坎宅巽门巽宅坎门震宅離门離宅震门俱在中腰及左右兩角並無正门以致氣口不順反福為禍誠可慨也尤可笑者議論不一互相舛謬如所謂市居則論宅法鄉居則論堂局既鄉居論堂局則宜正中開门向對堂局於理為是如何又用八宅遊星数定门向或左或右而反失堂局即既市居論宅法

則大門宜在中腰及左右兩角如何又因鄰屋阻礙勢不可必而反開正門不以宅法論即再以東西二宅辨之兑宅開艮門在宅左角猶可必也如震宅開離門在宅中腰定有隣宅相阻不可得也勢必正中開門然以遊星數之正中為絕命方左角為禍害方右角為五鬼方三方俱不宜開門又何為而開正門即震宅可以開正門則兑宅亦可以開正門若云兑宅正門是為絕命方則震宅正門亦為絕命方又何為此可開而彼不可開即今見市中兑宅則多開艮門震宅則多開正門一用宅法

一背宅法豈不大相舛謬扎所以不論市居鄉居俱宜正中開门以順通氣口至于便门者隨宅主之便而開也而八宅遊星係僞造邪說斷斷不可用也廖公云市居必要傍衢衢向首理雖拘村居必要龍神落向首隨龍作此正理也再者平陽基地用東西二宅按宅長年命開造仍主安吉設或有悪殺當前如苍衝路射井闌坊壓等類則又宜通權達变趋吉避凶或左或右開门可也切不可搶水作向歪斜開門如人口歪不成相貌為可嫌也此特舉其一端尚有竹節貫井抽爻換象謬論紛紛

難以盡闡惟智者詳之毋滋惑可耳

陽宅切要十不宜

一不宜大屋廳後又起小披屋謂之停喪屋主損丁不吉

二不宜造丁字屋主絕不吉

三不宜起屋兩間者不可用孤架梁主鰥寡孤独不吉

四不宜屋前高後低主人丁孤苦不吉

五不宜屋前後左右莫開池塘如閻煞開之仍吉但防小口

六不宜門前不可對屋脊主子孫忤逆不吉

七不宜屋後不可起倉房堆囤不吉
八不宜住宅朝空坐空不吉
九不宜住宅下首屋宇有斜飛屋主婦人多淫亂不吉
十不宜開門直向大路謂之川心煞主家長橫死不吉
已上不宜俱當戒之若要開門須按九宮東西兩宅命吉

選擇切要辨論

楊救貧云年月要妙少人知年月無如造命法吳景鸞云選擇之法莫如造命蓋用之妙可奪神功蓋造命者選成四柱八字

干支純粹成格成局内藏補龍扶山相主之義此造命之体也再取日月金水三奇尊　紫白三德及禄馬貴人此数者乃真正吉星[浮]二三箇到山到向到宮自然吉利又查歳破戊已三殺陰符箭及月建等殺盡行退避不相干犯乃為全吉此造命之用也至于年方空利等諸事吉日俱要用本監年方曆日相合為妙萬一不能相合再遵新須選擇通書選成吉日用之可也

今選家不知造命之法多宗斗首奇门之説殊不知斗首之説一背正五行与納音五行二不能補龍扶山相主三則生尅舛

舛錯吉凶無憑大不利于塟造之家深可恨也究其弊端始于唐時一行銅函經夫是經之作一行不過因有指示故以謬撰以愚海外者耳其間倒裝生旺反用休囚原不可用嗣後好奇者竊取其義改頭換尾託名楊公斗首以神其說遂致真偽雜糅庸愚易惑反以斗首為精妙咸相遵從誤人不淺此非一行之咎乃誤傳一行者之咎也至于奇门之說原為出兵擇吉之用非為造塟而設也今一概混用殊為可笑此略舉其二說以明之尚有謬論甚多難以盡述惟在高明者細閱星書考源楊

公造命千金歌造命宗旨全書与陰陽宝鑑通書及耶律楚材劉伯温監書則邪正之説不待辨而自明矣

欽天監地道総篇

夫乾坤定位山嶽成形具象〻人三停攸分頭有氣共護胎水聚講泒脉慶會無比腰足分形共護合水印木不成是謂無氣無氣屍灰水蟮陵夷畱品三停陰陽儲精奠位十二上應律星下滿四尺天光秉靈故先天曰氣後天凝質凝質不脩天地虧功因五正法八格符運氣應氣應九九天不能以与具力爲金

木水火土五正不離蒙怪巧僞隱扳貧豊八格法爲故非正不
相無格不成不成之地名曰偏格凝質氣貫律應星輝培削輔
相変通宜人故蒙地宜作怪地宜虛巧地宜回僞地宜誠隱而
必顯扳而必萃貧而曰補豊而曰藏神乎其神回正而形妙乎其
妙以脚而成闪跡逃神二五重九湫無三辭嶙骨耆羡懸崖流
水面背左右交會〻里氣概精英迴出其異原合原流原起原
止千百藏頭蛩脚不毀花昧微〻唇顴額嘴沉突腌凹窩角腈
尾故横直斜勾流形笙立倚睡有休形休四分高坦兩遂五形

因勢九勢由分五分領聚五聚大尊形類分公孫不替勢本多層火多亂故須眉中立臨塵皆宗南幹四生江河大界聖帝明王南北中派龜騣蟠散起止源會羅列水聚魚收小大故亥艮江南江北西兑下殿出宗貴奇賤怪降障辞楼格援十四起祖流宗變云千百總受五正插雲最嫩一詭飛凰定有無辨貴賤祖賢孫慈定理攸存故大逐火霧霸雲蒸浪苑仙家本提木日照月臨開明天地金二流出王楼中天王一統土二若生宝殿下使伯分茅火二吊金水之辰母儀天下金二生木火之星君

宰名藩千絲萬縷佐天子一品之尊淋雨飛雨豈附庸百里之貴水不生金子男爵位金不生水社廟靈壇單火無依道教星流独木失行統道儒先披髮大武威閫外懸珠金冨迫封侯格模疑似变盡髙低含格無凴推变必窮是以辞搂出帯迎冗為貴列嶂垂絲護胎始尊地抽天囪行囊之大天乙太乙舉動之威幢幡宝盖玉牒金箱倉庫何多障水愛盛穿山火不妨其直倒地木須要其情两畔均匀為正一邊飛散出奇若得慶會交度何怕後合斜襟是以不神不变不变不生变化生々是謂無

窮樓下脫胎乃变之曰峡中入聖為生之道是以規模氣象儲精秀矩度端嚴曰為上峡上峡之地全观变格故变来落生出峡落之因峡之篇变云錯綜五正不離横列直奔二休盡之横以中尊直爱前低陽舒隆歛営壅依之倍六二之格氣概尚矣正則木火持撑中則水土陶金障天水御屏北開插雲木帝出東方西兑透天南離燒沒水土天財徹別惟土正東有列三台不論直横五腦却嫵中矮鋸蓮排牙和列雄奔玉几金櫃爱横悪直天馬高低曰真王枕兩匀便是变落無窮中尊角賊生〻

有道卦轉隨方故高不爲峻平不爲弱野不爲曠水不爲没以高而取其雄短以平而取其斷續以野而取其界限以水而取其蹤跡懸戈鼠尾蛇驚狼躅四忌出爲金鞍銀錠鶴膝蜂腰蛛絲馬跡藕斷金錢而歸八正化〻生〻其無窮盡或如兩軍策馬或如二嬪屏皇或如玉女扶輦或如大將屯營伴月之雙星歸垣之五正仙人之糞土隱士之圖棊勇夫之踏臂禪師之說法四金相照二曜合璧東帯藏錢木挑兩土水漾雙金丹山飛鳳北雁穿雲浪裡桃花落地金錢戲毬獅子跳墻猛虎玉葉調

琴鏡臺裝翠形類於斯妙有藏煞飛升天統曰為上峽上峽之
地隱矣我其次有峽有峽之地纏護迎送劫則死賊則偏多則
倦長則輕倦輕曰㐫偏死曰無故左賊龍虧石劫虎敝穴之醜
悪因峽而宜其下無峽正結分受隨龍而有富貴尋常奚垂悠
久峽水印心々砂障峽一祖岡圍萬項漏杓下殿茇蹤垂祖聯
杖雲蒸霧霱蠕散蜂飛 泒朝元南北寮从中立不偏無々為
体篤空直出岡鎖極矣敝病斷独砂石泥水夭府城垣真龍頭
止朝官暮仙拔宅之地聖賢統天侯位次之隱顯起伏小大無

方山之行度以龍稱揚九星本正漏脚而名脚之不明頭胡以
精不辨頭脚行度不經不經行度捕風捉影五正多格不離本
体坐立倚睡玅玄其髓類正成形兒氣聯枝先分後合仰木可
棲敵体盟好飲衛高低故飲衛審平口胷盟好辨爭胸眉壓激
冲露盖與具直淺深淂宜風水自成正以柔氣十一体具聯合
制生吉凶判矣宝纂天財金土金水剝〻相乘金火堅烈木下
金上木孤而缺水火不濟火以燥燁水不乘金流蕩不歇四曜
制伐化机消滅生〻之道胎于其中萬水千山七縱三橫穴庛

不朽腐骨成龍懸為星象降為山嶽成象成形氣机錯落堊乘生氣乾坤夬剥復姤施生律應軫角氣曜主客厥時不伐大式時為時以推氣氣以俟物審音定侖甲己虚元天且不遠以靈五根故山川性情因動以宣氣動則生氣藏則聚氣風則散界水則止原其巔乘其止起非其起止非其止起非其起則無生止非其止則無聚是以穴在非起非止之地大抵中原識心偏安憑心不履歷見空而不見形憑眼力見形而不見心目以形過形以心會心以情交情以神感有餘不足培削变通法律矩

簇進于道矣彼泥形者烏足以語此哉

地理醒世切要辨論篇終